My Abdelouahed Sabri

Langage HTML: Bien débuter

My Abdelouahed Sabri

Langage HTML: Bien débuter

Le HTML avec avec des exemples, des exercices corrigés et des travaux pratiques

Éditions universitaires européennes

Impressum / Mentions légales
Bibliografische Information der Deutschen Nationalbibliothek: Die Deutsche
Nationalbibliothek verzeichnet diese Publikation in der Deutschen Nationalbibliografie;
detaillierte bibliografische Daten sind im Internet über http://dnb.d-nb.de abrufbar.
Alle in diesem Buch genannten Marken und Produktnamen unterliegen warenzeichen-,
marken- oder patentrechtlichem Schutz bzw. sind Warenzeichen oder eingetragene
Warenzeichen der jeweiligen Inhaber. Die Wiedergabe von Marken, Produktnamen,
Gebrauchsnamen, Handelsnamen, Warenbezeichnungen u.s.w. in diesem Werk berechtigt
auch ohne besondere Kennzeichnung nicht zu der Annahme, dass solche Namen im Sinne
der Warenzeichen- und Markenschutzgesetzgebung als frei zu betrachten wären und
daher von jedermann benutzt werden dürften.

Information bibliographique publiée par la Deutsche Nationalbibliothek: La Deutsche
Nationalbibliothek inscrit cette publication à la Deutsche Nationalbibliografie; des
données bibliographiques détaillées sont disponibles sur internet à l'adresse http://dnb.d-
nb.de.
Toutes marques et noms de produits mentionnés dans ce livre demeurent sous la
protection des marques, des marques déposées et des brevets, et sont des marques ou des
marques déposées de leurs détenteurs respectifs. L'utilisation des marques, noms de
produits, noms communs, noms commerciaux, descriptions de produits, etc, même sans
qu'ils soient mentionnés de façon particulière dans ce livre ne signifie en aucune façon que
ces noms peuvent être utilisés sans restriction à l'égard de la législation pour la protection
des marques et des marques déposées et pourraient donc être utilisés par quiconque.

Coverbild / Photo de couverture: www.ingimage.com

Verlag / Editeur:
Éditions universitaires européennes
ist ein Imprint der / est une marque déposée de
OmniScriptum GmbH & Co. KG
Heinrich-Böcking-Str. 6-8, 66121 Saarbrücken, Deutschland / Allemagne
Email: info@editions-ue.com

Herstellung: siehe letzte Seite /
Impression: voir la dernière page
ISBN: 978-3-8417-3174-6

Langage HTML

Bien débuter avec des exemples, des exercices corrigés et des travaux pratiques

Par : Abdelouahed Sabri
Email : abdelouahed.sabri@gmail.com

Sommaire

Avant propos

Pour les programmeurs Web, plusieurs formes (types) de programmation sont possibles allant des pages Web statiques permettant une représentation statique des informations vers des pages Web dynamiques échangeant de l'information avec une base de données permettant une interaction entre le visiteur du site Web et le serveur hébergeant le site.

Toute page Web (statique ou dynamique) est écrite ou représentée à base du langage HTML. Où HTML est un langage de balisage permettant essentiellement de définir la structure de la page web (titres, listes, tableaux, paragraphes, ...).

Ce document, permet en autre aux lecteurs de se familiariser avec la structure et la syntaxe du langage HTML avec des exemples explicatifs, des exercices corrigées et des travaux pratiques. A la fin, vous serez en mesure de créer facilement et rapidement votre premier site Web

I. Notions de bases sur le Web

I.1. Naviguer sur le Web

Pour pouvoir naviguer sur le Web, il faut utiliser un navigateur Web. En général, on trouve quelques navigateurs Web installés par défaut avec le système d'exploitation alors que pour utiliser d'autre navigateur Web il faut les installer. On peut citer les plus connus (utilisés) comme : Google Chrome, Firefox, Internet Explorer, Netscape, ...

Pour accéder à une page Web, il faut spécifier, dans la barre d'adresses du navigateur, une adresse URL (Uniform Resource Locator). L'URL qui représente l'adresse du serveur Web + l'adresse de la ressource sur le serveur. Par exemple : http://www.lehtml.com/html/index.htm où :

http: le protocole de communication

www.lehtml.com: l'adresse du serveur Web

/html/index.htm : l'adresse de la ressource

De son coté, le navigateur télécharge le document correspondant à l'URL, l'interprète et affiche son contenu.

Pour que le contenu du document à visualiser soit interpréter par le navigateur Web, il faut qu'il soit décrit dans un langage standard compris par le navigateur. Ce langage est appelé HTML (HyperText Markup Language)

I.2. Publier une page sur le WEB

Pour publier (rendre disponible) une page sur le WEB, il faut :

> ➤ Une machine accessible sur le Web pour y mettre le(s) fichier(s) HTML
> ➤ Un Serveur HTTP : par exemple IIS (Internet Information Services), Appache, ...
>
> Remarque : Il est possible de créer/tester localement un document HTML

II. HTML

HTML pour HyperText Markup Language est un « langage de balisage ». Il s'agit d'un ensemble d'instructions pour un navigateur Web pour produire l'affichage du texte sous une certaine forme. Ainsi, les instructions de ce langage sont interprétées par les différents navigateurs et les résultats apparaissent sur l'écran. Equivalent à dire que HTML est un format de présentation de données qui permet de créer des pages Web. Ces pages peuvent être lues (interprétées) dans des navigateurs.

Hypertext : lien entre des objets, documents

Markup : balise pour indiquer comment le contenu sera affiché

> Remarque 1 : Il ne faut en aucun cas considérer HTML comme un langage de programmation mais plutôt pour un langage de description de données
>
> Remarque 2 : En général et pour être conforme aux normes Web, un document HTML porte une extension .html ou .htm

II.1. Évolution du HTML

> ➤ En 1991: l'apparition du langage SGML (Standard Generalized Markup Language)

- HTML est une application de SGML
- En 1993: fondation du World Wide Web Consortium (W3C) et apparition du HTML 1.0
- En 1994: Ajout de nombreux éléments de présentation: Attributs texte, clignotement, centrage, ...
- En 1995: apparition de HTML 2.0 avec le support des tables, des figures et des expressions mathématiques
- En 1996: apparition de HTML 3.0 avec le support des applets java
- En 1997: apparition de HTML 4.0 avec l'ajout des feuilles de styles, des frames (cadres), d'objets, etc. (dernière version HTML)
- En 2000: apparition de XHTML utilisation de XML avec HTML
- En 2007 : apparition de HTML5, et abandon du XHTML, permettant d'enrichir les interfaces utilisateurs par des contrôles spécifiques : barres de progrès, menus, champs associés à des types de données spécifiques.

II.2. Exemple de pages HTML

Sur la figure ci-dessous une prise d'écran d'une page HTML située sur le server www.lehtml.com. Ici, le navigateur Web utilisé est « Windows Internet Explorer »

Il est possible de consulter le code source de la page HTML. Pour le faire, cliquer le menu Affichage → Source

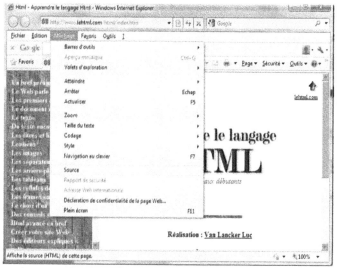

Et on voit apparaitre le code source de la page

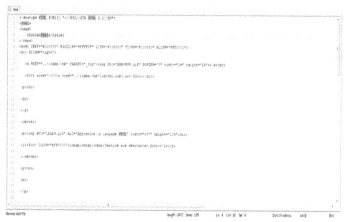

II.3. Sémantiques du HTML

Comme c'est déjà mentionné, HTML est un langage de balisage « Tags, Marqueurs ». Une balise est un mot clé (commande) du langage inséré dans le corps du document pour introduire un effet particulier.

Les balises sont mises en valeur par des caractères ("<"et ">") avec le nom de la balise dedans.

Exemple : attribuer le titre « Apprendre HTML » à un document html

<TITLE> Apprendre HTML </TITLE>
Remarque : Il est à noter que HTML n'est pas sensible à la casse. Ainsi la balise <br> est équivalente à la balise <Br>, à la balise <bR> et à la balise

II.4. Règles syntaxiques du HTML

II.4.1. Sur les Balises

Chaque balise ouverte doit être fermée (à exceptions prés). On utilise ("</"et ">") pour fermer une balise ouverte.

Exemple :

<TITLE> Apprendre HTML </TITLE>
Remarque 1 : Certaines balises n'ont pas de balise de fermeture. La balise <br>, qui est un saut de ligne, est un exemple courant. La nouvelle norme XHTML suggère de mettre un slash dans la balise simple dans ces cas:
.

Remarque 2 : La totalité du document HTML est placé entre la balise d'ouverture <HTML> et la balise fermante </HTML>

Remarque 3 : Il est possible d'imbriquer plusieurs balises (paires). Cependant il faut respecter l'ordre de fermeture

<b><i> Gras et Italique </i></b> **Correcte**
<b><i> Gras et Italique </b></i> Faux (bien que les navigateurs récents prennent en charge cet ordre de fermeture)

II.4.2. Les Attributs des balises

On défini un attribut comme étant un élément, présent au sein de la balise ouvrante, permettant de définir des propriétés supplémentaires.

Exemple :

<p align="right"> Exemple d'attribut </p>

> La balise <p> permet de définir un paragraphe
> L'attribut **align** est une propriété de la balise <p> pour aligner le paragraphe, ici align="right" signifie que le paragraphe sera aligné à droite

Il est à noter qu'une balise peut contenir un ou plusieurs attributs et chaque attribut peut avoir aucune, une ou plusieurs valeurs

II.5. La structure d'un document HTML

Les documents HTML sont censés avoir la forme d'un arbre, ou de façon équivalente, sous la forme d'un ensemble de balises imbriquées.

II.5.1. Structure générale

Le document commence par <html> et se termine par </html>

À l'intérieur de la balise <html> on trouve deux sections:

> ➤ <head> ... </head>
> ➤ <body> ... </body>

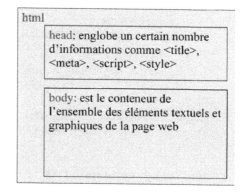

html

head: englobe un certain nombre d'informations comme <title>, <meta>, <script>, <style>

body: est le conteneur de l'ensemble des éléments textuels et graphiques de la page web

Exemple :

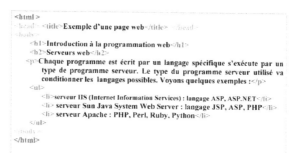

```
<html>
  <head> <title>Exemple d'une page web</title> </head>
  <body>
    <h1>Introduction à la programmation web</h1>
    <h2>Serveurs web</h2>
    <p>Chaque programme est écrit par un langage spécifique s'exécute par un
    type de programme serveur. Le type du programme serveur utilisé va
    conditionner les langages possibles. Voyons quelques exemples :</p>
    <ul>
      <li>serveur IIS (Internet Information Services) : langage ASP, ASP.NET</li>
      <li>serveur Sun Java System Web Server : langage JSP, ASP, PHP</li>
      <li>serveur Apache : PHP, Perl, Ruby, Python</li>
    </ul>
  </body>
</html>
```

Après **interprétation** par le navigateur Web (dans cet exemple, le navigateur utilisé est Google Chrome) on obtient :

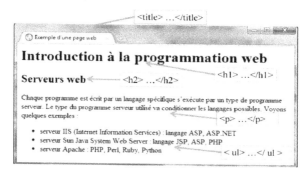

II.5.2. Créer votre 1ère page HTML

Pour créer une page HTML, on procède comme suit :

Etape 1.lancer l'éditeur de texte (Ex: bloc Notes). Cependant, il est possible d'utiliser un logiciel de création de pages web (voir paragraphe suivant)

Etape 2. Ecrire le code HTML suivant:

```
<HTML>
<HEAD> <TITLE> Ma première page HTML </TITLE> </HEAD>
<BODY> écrire ici votre texte </BODY>
</HTML>
```

Etape 3. Enregistrer le fichier avec l'extension .html (ou .htm)

Etape 4. Ouvrir (exécuter) ce fichier dans un Navigateur Web

II.6.   Les éditeurs HTML

Il existe une multitude d'outils permettant la création de page HTML. Ce qu'il faut retenir qu'une page Web HTML est du texte écrit en claire sous forme de balises. Ses balises sont interprétées par les navigateurs Web pour afficher correctement la page HTML.

Les outils peuvent êtres séparés en deux catégories :

- Les outils en mode texte :
  - Notepad,
  - Notepad++
  - textpad
  - PSPad
  - ...
- Les outils en mode graphique utilisant l'IntelliSense et qui facilitent beaucoup la tache des développeurs :
  - Macromedia Dreamweaver,
  - WYSIWYG,
  - FrontPage,
  - ...

Pour créer vos pages Web, on vous propose d'utiliser le « Macromedia Dreamweaver » que vous pouvez télécharger ici : http://macromedia-dreamweaver.soft32.fr/

III. Les balises HTML

III.1. L'entête <head> ... </head>

La première partie d'un document HTML est l'entête. Cette partie est limitée par la balise paire <HEAD> ... </HEAD>. Dans cette partie on peut trouver plusieurs balises permettant la définition des informations supplémentaire sur la page HTML. Parmi ces balises on trouve :

➤ <title>...</title>
   o Balise paire qui permet d'attribuer un titre (title en anglais) à la page HTML
➤ <base ..../>
   o Balise simple utilisée pour déclarer un chemin absolu qui sera utilisé comme référence pour toutes les autres URL présentes dans le document. Parmi les attributs de cette balise, on trouve :
   o **href** : spécifie le chemin absolu s'appliquant aux url suivant la balise.
   o **target** : spécifie la fenêtre dans laquelle s'ouvre le lien.
      Exemple:
   o <base href="http://www.google.fr" target="_blank">
➤ <meta ... />
   o Utilisée pour le référencement de la page sur internet. On peut écrire une multitude balise META dans une page HTML. Chaque balise utilise l'attribut NAME pour identifier le type de la balise et l'attribut CONTENT pour affecter le contenu (valeur) au type
      Exemple: Indiquer le nom de l'auteur
   o <META NAME="Author" CONTENT="nom du créateur de la page">

III.2. Le corps <BODY> ... </ BODY>

La deuxième partie d'une page HTML est la partie corps (body en anglais). Cette partie est limitée par la balise paire <BODY> ... </ BODY>.

Cette partie est le conteneur de l'ensemble des éléments textuels et graphiques de la page web. Dans cette partie on peut :

➤ Faire la mise en forme,
➤ Insérer les liens hypertextes,
➤ Insérer des images,
➤ Insérer des tableaux,
➤ Insérer des listes,
➤ Insérer des formulaires,

➤ ....

On utilise les attributs de la balise <BODY> pour mettre en forme l'arriére plan de la page Web. Ainsi ; l'attribut:

➤ BGCOLOR : pour changer la couleur du fond la page
➤ TEXT : pour changer la couleur du texte de la page
➤ BACKGROUND : pour mettre une image en fond de la page

<BODY BGCOLOR="blue" TEXT="red" BACKGROUND="/image/logo.gif">
...
</BODY>

III.3. La mise en forme

III.3.1. Les titres

Il y a différents niveaux de titres, ils vont de 1 à 6 et ont chacun leur importance. La balise représentant ces niveaux de titre est <hX> ... </hX> où X représente le niveau

Exemple:

<h1>Titre de niveau 1</h1>
...
<h6>Titre de niveau 6</h6>

Si on considère le code HTMT suivant :

```
<html >
<head>
        <title> Les différents niveaux de titres </title>
</head>
<body>
        <h1>Titre de niveau 1</h1>
        <h2>Titre de niveau 2</h2>
        <h3>Titre de niveau 3</h3>
        <h4>Titre de niveau 4</h4>
        <h5>Titre de niveau 5</h5>
        <h6>Titre de niveau 6</h6>
</body>
</html>
```

Après exécution on aura :

9

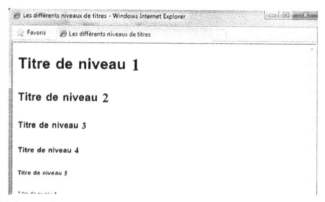

III.3.2.   Les paragraphes

En HTML, il faut préciser ou commence un paragraphe et ou termine. Un paragraphe est contenu entre la balise paire <p> ... </p>

Exemple :

<p> paragraphe1 </p>
<p> paragraphe2 </p>

Pour aligner un paragraphe on utilise l'attribut align. Les valeurs possibles de cet attribut sont : **{left (par défaut), right, center, justify}**

Exemple :

<p align="right"> paragraphe aligné à droite</p>
<p align="center"> paragraphe centré </p>

NB : Pour forcer un retour à la ligne dans un paragraphe il faut utiliser la balise (simple)
 ou

Soit le code HTML suivant :

```
<html >
<head>
    <title>Exemple d'une page web</title>
</head>
<body>
    <h1>Chapitre 1: Introduction à la programmation web</h1>
    <h2>Serveurs web</h2>
    <p>Chaque programme est écrit par un langage spécifique s'exécute par un type de programme
serveur.</p>
        <P>Le type du programme serveur utilisé va conditionner les  langages possibles. <br> Voyons
quelques exemples :</p>
    <h2>Client web</h2>
        <p align="justify">Le client est couramment appelé un navigateur. Les navigateurs les plus connus
                étant Netscape, Internet Explorer, Lynx, Mosaic, Opera,. </p>
        <p>Les plus courant acceptent des extensions (Plug-In) permettant d'étendre leurs capacités (lire
        des vidéo, recevoir du son ou des films en flot continu,...).</p>
</body>
</html>
```

Après exécution, on obtient :

Chapitre 1: Introduction à la programmation web

Serveurs web

Chaque programme est écrit par un langage spécifique s'exécute par un type de programme serveur.

Le type du programme serveur utilisé va conditionner les langages possibles.

Voyons quelques exemples :

Client web

Le client est couramment appelé un navigateur. Les navigateurs les plus connus étant Netscape, Internet Explorer, Lynx, Mosaic, Opera,.

Les plus courant acceptent des extensions (Plug-In) permettant d'étendre leurs capacités (lire des vidéo, recevoir du son ou des films en flot continu,...).

III.3.3. Le texte

HTML propose plusieurs balises pour la mise en forme du texte :

Balise	Rôle	Exemple

`<b>` ... `</b>`
 Ou
 `<strong>` ... `</strong>`
	Mettre le texte en gras	`<b>Ce texte s'affichera en gras.</b>`

`<i>` ... `</i>`
 Ou
 `<em>` ... `</em>`
	Mettre le texte en italique	`<i>Ce texte s'affichera en italique.</i>`

`<u>` ... `</u>`	Souligner le texte	`<u>Ce texte sera souligné.</u>`
`<s>` ... `</s>`	Barrer le texte	`<s>Ce texte sera barré.</s>`
`<sup>` ... `</sup>`	Mettre le texte en exposant:	`<b> a</b> <sup>2</sup>` →le résultat sera : a^2
`<sub>` ... `</sub>`	Mettre le texte en indice	`<b> a</b> <sub>2</sub>` → le résultat sera : a_2

III.3.4. La couleur, la police et la taille du texte:

Pour modifier la couleur, la police et la taille d'un texte on utilise les attributs de la balise paire `<font>` ... `</font>`. Ainsi, pour modifier la couleur on utilise l'attribut COLOR, pour modifier la police on utilise l'attribut FACE et pour modifier la taille on utilise l'attribut SIZE.

> ➢ Couleur : Les couleurs peuvent être écrites de deux manières :
>   - ○ En hexadécimal de type RVB (Rouge, Vert et Bleu) et précédées d'un dièse (#).
>   **Exemple** : #ff0000 => rouge, #00ff00 => vert, #0000ff => bleu
>   - ○ Textuelles en anglais US.
>   **Exemple** : red, green, blue
> ➢ Le tableau suivant regroupe les noms & valeurs hexadécimales des couleurs les plus utilisées

Nom de la couleur	Triplet RGB	en français
aqua	#00FFFF	Vert d'eau
black	#FFFFFF	Noir
blue	#0000FF	Bleu
fuchsia	#FF00FF	Fuchsia
gray	#808080	Gris
green	#008000	Vert
lime	#00FF00	Ciron vert
maroon	#800000	Marron
navy	#000080	Bleu marine
olive	#808000	Olive
purple	#800080	Pourpre
red	#FF0000	
silver	#C0C0C0	Argent
teal	#008080	Sarcelle
white	#FFFFFF	Blanc
yellow	#FFFF00	Jaune

Exemple :
- o <font color="#ff0000">Ce texte sera en rouge.</font>
- o <font color="blue">Ce texte sera en bleu.</font>

➢ Police :

- o <font face="verdana">Ce texte sera en verdana.</font>
- o On a tendance à écrire des familles de polices plutôt qu'une seule police. Ceci est utile quand on n'est pas sur que la première police est installée sur la machine du visiteur. Alors, on sépare les différentes polices par une virgule dans l'ordre de sélection.

Exemple :
- o <font face="verdana,sans-serif">Ce texte sera en verdana ou en sans-serif si la police verdana n'est pas installée.</font>

➢ Taille :

- o <font size="5">Ce texte sera en taille 5.</font>
- o NB:
- o Par défaut, la valeur de l'attribut size vaut "3".
- o Les valeurs possibles sont les entiers de "1" à "7".
- o Si la SIZE dépasse 7 elle sera 7
- o Les double-guillemets ne sont pas obligatoires

Il est possible de renseigner les trois attributs (color, face, size) à la fois dans la même balise<font> :

<font color=" blue" face="arial" size=4>Ce texte sera en bleu, en Arial et de taille 4.</font>

13

Exercice 1 :

Ecrire un code HTML pour avoir le résultat suivant :

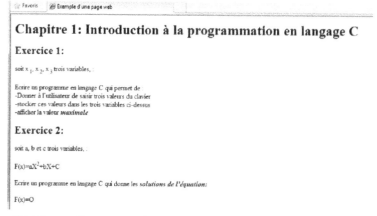

III.3.5.   Le texte pré-formaté

L'utilité de cette fonctionnalité proposée par HTML et de pouvoir afficher le texte tout en conservant les espaces, les retours à la ligne, les tabulations ... HTML propose la balise paire <PRE>.

Exemple : avec la balise <pre> le texte sera affiché tel qu'il a été saisi (pré-formaté)

```
<pre>int main( void ){
        return 1;
    }</pre>
```

```
int main( void ){
           return 1;
    }
```

```
<p>  int main( void ){
        return 1;
    }</p>
```

```
int main( void ){ return 1; }
```

III.3.6.   Les citations

La balise paire <BLOCKQUOTE> permet de mettre en valeur un paragraphe, c'est-à-dire décaler le texte qui est à l'intérieur de la balise par rapport à la marge courante du document.

Exemple :

```
<h1> Wikipédia </h1>
Wikipédia est une encyclopédie multilingue, universelle et librement
diffusable.depuis son lancement officiel par Jimmy Wales et Larry Sanger le
```

Le résultat d'exécution du code HTML ci-dessus donne :

Wikipédia

Wikipédia est une encyclopédie multilingue, universelle et librement diffusable.
Depuis son lancement officiel par Jimmy Wales et Larry Sanger le 15 janvier 20011,

---

```
<h1> Wikipédia </h1>
<BLOCKQUOTE>
```
Wikipédia est une encyclopédie multilingue, universelle et librement
diffusable.`<br>`
Depuis son lancement officiel par Jimmy Wales et Larry Sanger le 15 janvier
20011,
```
</BLOCKQUOTE>
```
Par contre, le résultat d'exécution du code HTML ci-dessus donne :

Wikipédia

Wikipédia est une encyclopédie multilingue, universelle et librement diffusable.
Depuis son lancement officiel par Jimmy Wales et Larry Sanger le 15 janvier 20011,

---

III.3.7.   Les caractères spéciaux

Se sont des caractères qui ne peuvent pas êtres présentés dans un code
HTML. Par exemple le caractère < ou >. Ils sont présentés par un groupe de
caractères commençant par & (et commercial) et se terminant par virgule (;)

Code	Résultat dans le navigateur	Code	Résultat dans le navigateur
	[Espace insécable]	&agrave;	à
&quot;	"	&acirc;	â
&lt;	<	&eacute;	é
&gt;	>	&egrave;	è
&laquo;	«	&ucirc;	û
&raquo;	»	&ccedil;	ç
&amp;	&	&Agrave;	À
&euro;	€	&Eacute;	É
		&Ccedil;	Ç

Remarque : Tous ces caractères on un nombre équivalent. Par exemple
le code **>** est le même que le code **>**

III.4.   Les liens hypertextes

Un lien hypertexte est un élément HTML permettant d'envoyer le visiteur
vers :

➢ Une autre page (sur le même site ou externe au site courant)

15

> Un emplacement dans la page elle-même

Pour insérer un lien hypertexte on utilise la balise paire <a> ... </a>. Pour définir les propriétés d'un lien on utilise les attributs de cette balise :

> Href: définit l'adresse de destination

  o <a href="adresse_destination"> texte_ou_image_à_cliquer </a>
  o Adresse_destination peut être local au site, externe ou même un emplacement dans la page (ancres)

Exemple:

  o <A HREF="index.html">Accueil</A>
  o <A HREF="http://www.google.com">Google</A>
  o Dans le premier exemple, si on click sur **Accueil**, la page index.html du même répertoire sera affichée
  o Dans le deuxième exemple, un click sur **Google** va permettre d'ouvrir http://www.google.com

> Target : définit la cible de l'affichage du lien. Les valeurs possibles de cet attribut sont :

  o **_self** : Affichage du lien dans le cadre courant (par défaut)
  o **_blank** : Ouvre le lien dans une nouvelle fenêtre.
  o **_top** : Affichage dans la totalité de la fenêtre courante
  o **_parent** : Affichage dans le cadre qui enveloppe la structure courante

> Title : permet de renseigner un petit descriptif sur le contenu de la page cible (infobulle)
> Name : spécifie une référence (une ancre) dans une page HTML

  o <a href="#2_eme_partie"> cliquer pour aller à la deuxième partie </a>
  o ....
  o .....
  o <a Name="2_eme_partie"> La deuxième partie </a>

> Pour créer une ancre vers une autre balise que <a> on utilise son attribut id

  o On crée une ancre dans la page **page.html**:
  o <h2 id="chap2">Chapitre 2: Les classes</h2>
  o On crée un lien hypertexte dans notre page HTML. Ainsi, si on click sur le lien on va être renvoyé ver l'ancre chap2 de la page **page.html**
  o <a href="page.html#chap2">Lien vers une ancre externe</a>

Exemple :

```
<a href="http://www.google.com" target="_blank" title="lien vers le moteur
de recherche Google"> Google </a>
```

Ici, quand on place le curseur sur le lien, l'info bulle : « lien vers le moteur de recherche Google » apparait et elle disparait une fois le curseur s'éloigne du lien. Si on clique sur le lien, la page Web « http://www.google.com » sera affichée dans une nouvelle fénétre (car target="_blank")

Exercice 2 :

Ecrire un code HTML pour avoir la page suivante :

⭐ Favoris   🌐 Exemple d'une page web

Chapitre 1: Introduction à la programmation web

Serveur Web

Client Web

Serveurs web

Chaque programme est écrit par un langage spécifique s'exécute par un type de programme serveur. Le type du programme

Client web

Le client est couramment appelé un navigateur. Les navigateurs les plus connus étant Netscape, Internet Explorer, Lynx, Mo:

Les cibles des liens sont des ancres vers les parties Serveurs web et Clients web respectivement

III.5.   Les liens e-mails

Souvent noté « mailto » est un lien permettant de créer un lien hypertexte vers une adresse courriel.

Pour créer un mailto, il faut Utiliser le mot clés « mailto » dans l'attribut href de la balise <a>.

Exemples :

```
<a href="mailto:ana@monsite.com">Ecrivez-moi</a>
<a href="mailto:ana@monsite.com?subject=Sujet du mail">Ecrivez-moi</a>
<a href="mailto:ana@monsite.com?body=Corps du mail">Ecrivez-moi</a>
```

<a href="mailto:ana@monsite.com?subject=Sujet du mail&body=Corps du mail">Ecrivez-moi</a>
<a href="mailto:destinataire1@monsite.com; destinataire2@monsite.com">Ecrivez-nous</a>
<a href="mailto:destinataire1@monsite.com
?cc=destinataire2@monsite.com">Ecrivez-nous</a>

III.6. Les images

Pour insérer une image dans une page HTML, on utilise la balise <img>.
Cette balise admet différents attributs et parmi les plus importants on peut citer :

> **src**: Pour renseigner le chemin de l'image, qui peut être absolu, HTTP ou relatif,
> **alt**: Pour afficher un texte alternatif à la place de l'image dans le cas où celle-ci ne peut pas être chargée
> **width**: largeur de l'image. Peut être en pourcentage ou en pixel.
> **height**: Hauteur de l'image. Peut être en pourcentage ou en pixel.

Exemple :

<img src="ensa.gif" width ="100px" height ="100px" alt="Logo de l'ENSA">

Ci-dessous, une liste non exhaustive des autres attributs de la balise <img>

> **border** : Indique si l'image doit posséder un cadre autour d'elle. Si c'est le cas, on indique le nombre de pixels le composant.
> **Hspace** : Permet de spécifier un espacement horizontal autour de l'image
> **Vspace**: Permet de spécifier un espacement vertical autour de l'image
> **align**: Permet d'aligner l'image avec la ligne où elle se trouve
>> o **align="top"** : le haut de l'image est aligné sur la partie supérieure de la ligne où elle se trouve
>> o **align="middle"** : le milieu de l'image est aligné sur le milieu de la ligne où elle se trouve
>> o **align="bottom"** : le bas de l'image est aligné sur le bas de la ligne où elle se trouve (valeur par défaut)

III.7. Les listes

En html, ils servent à créer une liste d'éléments (items). On distingue :

> Les listes non ordonnées, ou à puces,
> Les listes ordonnées
> Les listes de définitions (de descriptions)

III.7.1.   Les listes à puces (non-ordonnés)

Elles sont démarquées par la balise <ul> et chacun des items est entouré par la balise <li>.

Exemple :

<p> On distingue </p> <ul> <li>Les listes non ordonnées, ou à puces</li> <li>Les listes ordonnées</li> <li>Les listes de définitions (de descriptions)</li> </ul>	On distingue • Les listes non ordonnées, ou à puces • Les listes ordonnées • Les listes de définitions (de descriptions)

Remarque : il est possible de modifier le type de puces en utilisant l'attribut **type** de la balise <ul>

type="disc" (par défaut au niveau 1 d'imbrication)

type="circle" (par défaut au niveau 2 d'imbrication)

type="square" (par défaut au niveau 3 et suivants d'imbrication)

Exemple :

<p> On distingue </p> <ul type="circle" > <li>Les listes non ordonnées, ou à puces</li> <li>Les listes ordonnées</li> <li>Les listes de définitions (de descriptions)</li> </ul>	On distingue ○ Les listes non ordonnées, ou à puces ○ Les listes ordonnées ○ Les listes de définitions (de descriptions)
<p> On distingue </p> <ul type="square" > <li>Les listes non ordonnées, ou à puces</li> <li>Les listes ordonnées</li> <li>Les listes de définitions (de descriptions)</li> </ul>	On distingue ■ Les listes non ordonnées, ou à puces ■ Les listes ordonnées ■ Les listes de définitions (de descriptions)

Exercice 3 :

Ecrire le code HTML pour avoir l'affichage suivant :

On distingue

- Les listes non ordonnées, ou à puces
  - Liste à Disc
  - Liste à Circle
  - Liste à Square
- Les listes ordonnées
- Les listes de définitions (de descriptions)

III.7.2.   Les listes ordonnées

Ces listes sont introduites par la balise <ol> et chacun des éléments (items) est encadré par la balise <li>

Exemple :

<p> On distingue </p> <ol> <li>Les listes non ordonnées, ou à puces</li> <li>Les listes ordonnées</li> <li>Les listes de définitions (de descriptions)</li> </ol>	On distingue 1. Les listes non ordonnées, ou à puces 2. Les listes ordonnées 3. Les listes de définitions (de description

Il est possible de modifier le type d'énumération en utilisant l'attribut **TYPE** de la balise <ol>

> **type="1"** : Numérotation par les chiffres arabes (par défaut).
> **type="I"** : Numérotation par les chiffres romains.
> **type="i"** : Numérotation par les chiffres romains minuscules.
> **type="A"** : Numérotation par les lettres de l'alphabet.
> **type="a"** : Numérotation par les lettres de l'alphabet minuscules

Exemple :

<p> On distingue</p> <ol type="a"> <li>Les listes non ordonnées, ou à puces</li> <li>Les listes ordonnées</li> <li>Les listes de définitions (de descriptions)</li> </ol>	On distingue a. Les listes non ordonnées, ou à puces b. Les listes ordonnées c. Les listes de définitions (de description

<table>
<tr><td>

```
<p> On distingue </p>
<ol type="I" >
  <li>Les listes non ordonnées, ou à
puces</li>
  <li>Les listes ordonnées</li>
  <li>Les listes de définitions (de
descriptions)</li>
</ol>
```

</td><td>

On distingue

  I. Les listes non ordonnées, ou à puces
  II. Les listes ordonnées
  III. Les listes de définitions (de descriptions)

</td></tr>
</table>

Il est même possible de modifier le début de la numérotation en utilisant l'attribut **start** de la balise <ol>

<table>
<tr><td>

```
<p> On distingue </p>
<ol type="a" start=3>
  <li>Les listes non ordonnées, ou à
puces</li>
  <li>Les listes ordonnées</li>
  <li>Les listes de définitions (de
descriptions)</li>
</ol>
```

</td><td>

On distingue

  c. Les listes non ordonnées, ou à puces
  d. Les listes ordonnées
  e. Les listes de définitions (de description

</td></tr>
</table>

III.7.3.   Les listes de définition

Il est possible de créer des listes de termes prédéfinis où chaque élément est suivi de sa définition :

> ➢ L'ensemble de la liste est délimitée par le conteneur <DL>
> ➢ Le terme à définir est précédé par un marqueur <DT>
> ➢ Chaque définition est précédée par un marqueur <DD>

Exemple :

<table>
<tr><td>

```
<dl>
  <dt>Etape 1:</dt>
  <dd>lancer l'éditeur de texte bloc Notes</dd>
  <dt>Etape 2:</dt>
  <dd>Ecrire le code HTML</dd>
  <dt>Etape 3:</dt>
  <dd>Enregistrer le fichier avec l'extension
.html</dd>
  <dt>Etape 4:</dt>
  <dd>Ouvrir ce fichier par le Navigateur</dd>
</dl>
```

</td><td>

Etape 1:
    lancer l'éditeur de texte bloc Notes
Etape 2:
    Ecrire le code HTML
Etape 3:
    Enregistrer le fichier avec l'extension .h
Etape 4:
    Ouvrir ce fichier par le Navigateur

</td></tr>
</table>

III.8.   Les tableaux

Un tableau est une suite de lignes et de colonnes qui forment un ensemble de cellules. Les tableaux sont, généralement, utilisés pour :

> ➤ Présenter des données tabulaires
> ➤ La mise en page de documents (la plus fréquente utilisation des tableaux)

En HTLM, et pour créer un tableau, trois balises sont nécessaires :

> ➤ La balise <Table> pour déclarer un tableau
> ➤ La balise <TR> (Table Row) pour déclarer une ligne du tableau
> ➤ La blaise <TD> (Table Data) pour déclarer une cellule dans une ligne

III.8.1.   Tableaux simples

Par défaut, les bordures ne sont pas visibles du fait que la taille par défaut est 0. Pour afficher/modifier taille des bordures il faut utiliser l'attribut **BORDER** de la balise <Table>.

Exemple : Tableau d'une seule cellule

`<TABLE  BORDER="1">`
`    <TR> <TD>Une cellule</TD> </TR>`
`</TABLE>`
	Une cellule

Exemple : Tableau de deux lignes et deux colonnes

`<TABLE border="1">`
`    <TR>`
`        <TD>Elément 1</TD>`
`        <TD>Elément 2</TD>`
`    </TR>`
`    <TR>`
`        <TD>Elément 3</TD>`
`        <TD>Elément 4</TD>`
`    <TR>`
`</TABLE>`
	Elément 1 Elément 2
	Elément 3 Elément 4

III.8.2.   L'entête d'un tableau

Pour afficher l'entête d'un tableau on utilise la balise <TH> dans une cellule <TR>

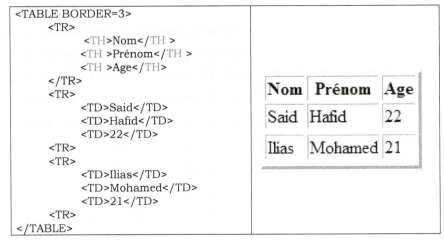

```
<TABLE BORDER=3>
    <TR>
        <TH>Nom</TH >
        <TH >Prénom</TH >
        <TH >Age</TH>
    </TR>
    <TR>
        <TD>Said</TD>
        <TD>Hafid</TD>
        <TD>22</TD>
    <TR>
    <TR>
        <TD>Ilias</TD>
        <TD>Mohamed</TD>
        <TD>21</TD>
    <TR>
</TABLE>
```

Nom	Prénom	Age
Said	Hafid	22
Ilias	Mohamed	21

III.8.3.   Titre d'un tableau

Pour afficher le titre d'un tableau il faut utiliser la balise paire <caption>. Il faut placer cette balise directement après l'ouverture du tableau. Cette balise prend l'attribut **align** qui accepte comme valeurs soit **"top"** (par défaut**)**, **"bottom"**, **"left"** ou **"right",** en fonction de l'endroit où l'on veut afficher cette légende.

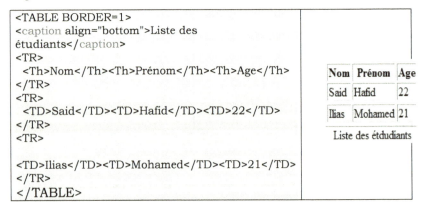

```
<TABLE BORDER=1>
<caption align="bottom">Liste des
étudiants</caption>
<TR>
  <Th>Nom</Th><Th>Prénom</Th><Th>Age</Th>
</TR>
<TR>
  <TD>Said</TD><TD>Hafid</TD><TD>22</TD>
</TR>
<TR>

<TD>Ilias</TD><TD>Mohamed</TD><TD>21</TD>
</TR>
</TABLE>
```

Nom	Prénom	Age
Said	Hafid	22
Ilias	Mohamed	21
	Liste des étdudiants	

III.8.4. Autres éléments d'un tableau

Cette partie regroupe une liste non exhaustive d'autres attributs d'un tableau

> cellspacing: Définit l'espacement entre les bordures de chaque cellule
> cellpadding: Définit la largeur de l'espacement entre le contenu d'une cellule et sa bordure
> width: Largeur du tableau, fixé en "dur" ou relatif en pourcentage à la taille de la fenêtre

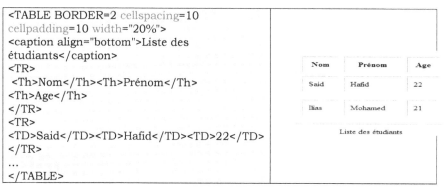

```
<TABLE BORDER=2 cellspacing=10
cellpadding=10 width="20%">
<caption align="bottom">Liste des
étudiants</caption>
<TR>
 <Th>Nom</Th><Th>Prénom</Th>
<Th>Age</Th>
</TR>
<TR>
<TD>Said</TD><TD>Hafid</TD><TD>22</TD>
</TR>
...
</TABLE>
```

Nom	Prénom	Age
Said	Hafid	22
Ilias	Mohamed	21

Liste des étudiants

III.8.5. Fusion de lignes et de cellules dans un tableau

Il est possible de fusionner les éléments d'un tableau soit verticalement ou horizontalement. Ainsi, pour une ;

> Fusion horizontale utiliser l'attribut **colspan** de <TD>
> Fusion verticale utiliser l'attribut **rowspan** de <TD>

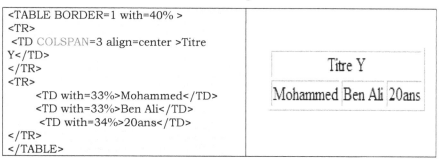

```
<TABLE BORDER=1 with=40% >
<TR>
 <TD COLSPAN=3 align=center >Titre
Y</TD>
</TR>
<TR>
    <TD with=33%>Mohammed</TD>
    <TD with=33%>Ben Ali</TD>
    <TD with=34%>20ans</TD>
</TR>
</TABLE>
```

Titre Y		
Mohammed	Ben Ali	20ans

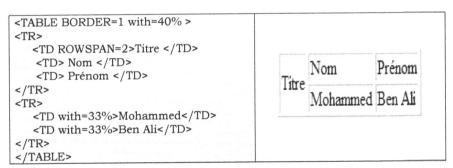

```
<TABLE BORDER=1 with=40% >
<TR>
   <TD ROWSPAN=2>Titre </TD>
   <TD> Nom </TD>
   <TD> Prénom </TD>
</TR>
<TR>
   <TD with=33%>Mohammed</TD>
   <TD with=33%>Ben Ali</TD>
</TR>
</TABLE>
```

Titre	Nom	Prénom
	Mohammed	Ben Ali

III.8.6.　La couleur dans les tableaux

Pour ajouter de la couleur aux tableaux, il faut utiliser l'attribut BGCOLOR de la balise <TABLE>, de la balise <TR> et/ou de la balise <TD>

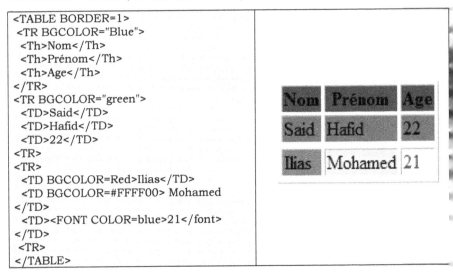

```
<TABLE BORDER=1>
 <TR BGCOLOR="Blue">
 <Th>Nom</Th>
 <Th>Prénom</Th>
 <Th>Age</Th>
 </TR>
 <TR BGCOLOR="green">
 <TD>Said</TD>
 <TD>Hafid</TD>
 <TD>22</TD>
 <TR>
 <TR>
   <TD BGCOLOR=Red>Ilias</TD>
   <TD BGCOLOR=#FFFF00> Mohamed
 </TD>
   <TD><FONT COLOR=blue>21</font>
 </TD>
 <TR>
 </TABLE>
```

Nom	Prénom	Age
Said	Hafid	22
Ilias	Mohamed	21

Exercice 4 :

Ecrire un code HTML pour avoir la page Web suivante:

Informations Personnelles			Notes des modules		
Nom	Prénom	Age	HTML	Programmation C	Réseau I
Mohammed	Ben Ali	20ans	15	13.5	20
Ilias	Baraka	21ans	09	08	14

III.9. Les commentaires

Comment tout langage de programmation, HTML permet d'écrire des commentaires. Tout ce qui est écrit entre <!—et --> sera considéré comme un commentaire et ne sera pas interpréter par le navigateur internet.

III.10. Les formulaires

Les balises HTML proposées jusqu'ici ont un rôle représentatif et permettent ainsi de créer et mètre en forme une page HTML. Alors, on parle de représentation statique ou pages Web statiques. Pour permettre un échange/envoi de données entre le client (navigateur) et le serveur (hébergeant) le site Web il faut faire appel aux formulaires. Autrement dit, les formulaires sont un moyen pour interaction avec les visiteurs du site Web ou les utilisateurs peuvent saisir (entrer) des informations et les envoyer au serveur.

Les données envoyées au serveur sont en générale remplies par un visiteur et sont de type :

> ➢ Inscription sur un site,
> ➢ Un formulaire de contact,
> ➢ ....

Coté serveur, les informations seront reçues et traitées utilisant PHP, ASP, ASP.NET ou même C/C++ (CGI : Common Gateway Interface). Et le serveur de sont coté peut renvoyer alors sa réponse sous forme d'un nouveau document HTML.

Ci-dessous un exemple représentatif d'un formulaire en HTML. Où on trouve des zones de saisi (pour saisir le Nom, Prénom et Adresse), une liste de choix (pour choisir sont Pays) et un bouton Enregistrer pour envoyer les données au serveur.

Titre de la page

Champs

Liste de choix

Bouton

III.10.1. Balise paire <FORM>

Tous les éléments d'un formulaire doivent se trouver dans balise <Form> </Form>. Parmi ces attributs, on peut citer :

> ➤ **action**: contient la valeur d'une URL
> ➤ **method**: précise le mode d'envoi des données
> ➤ Deux valeurs possibles: get ou post
> ➤ **get** (valeur par défaut): Les valeurs envoyées sont passées en par l'URL
> ➤ **post**: Les valeurs envoyées sont envoyées de manière transparente

Dans l'exemple suivant, un formulaire sera crée et qui envoi les données après validation au fichier « inscription.php » se trouvant sur le serveur utilisant un mode d'envoi crypté (POST)

```
<form action="inscription.php" method="POST">
<!-- Contenu du formulaire -->
</form>
```

III.10.2. Les éléments du formulaire

La plus part des contrôles (éléments) d'un formulaire utilise la balise paire <INPUT>

III.10.2.1. Les champs texte (zone de saisie)

Un des contrôles le plus utilisé est le zone de saisi. Il permet d'entrer du texte sur une ligne, comme un nom, login, tél, e-mail, ...

Pour créer une zone de saisi, il faut utiliser la balise simple <input> en attribuat à l'attribut TYPE la valeur « TEXT ». Ci-dessous une déscription des attributs les plus utilisées :

> - type="Text" pour spécifier que c'est champ text
> - name: le nom du champ. Utiliser pour récupérer sur le serveur la valeur aprés l'envoi
> - value: permet d'attribuer une valeur par défaut au champ
> - size: permet de fixer la taille du champ en nombre de caractères
> - maxlength: le nombre de caractères maximal
> - readonly= "readonly" pou verrouiller le champ
> - disabled ="disabled" pour désactiver le champ

Remarque 1 : Lorsqu'un champ est défini en "disabled", sa valeur n'est pas envoyée au serveur.

Remarque 2 : Lorsqu'un champ est défini en "readonly", son contenu est en mode lecture seul et on ne peut pas le modifier

<form> Nom: <input type="text" size="5" name="CP" maxlength="5"> Prénom:<input type="text" name="PR" value="" size="20"> champ non accessible<input type="text" name="Ver" readonly="readonly" value="vérouillé"> </form>	Nom: Prénom: champ non accessible vérouillé

III.10.2.2. Les champs de type password

Ce type de champ est utilisé lorsqu'on veut saisir un mot de passe caché.

Pour créer un champ pour les mots de passe, il faut attribuer à l'attribut TYPE la valeur « password »

<form> Nom: <input type="text" size="5" name="CP" value="Sabri"> Mot de passe <input type="password" síze="5" name="PASS" value="1234"> </form>	Nom: Sabri Mot de passe ••••

III.10.2.3. Texte multi-lignes

Pour créer des zones de saisi multi-lignes, il faut utiliser la balise paire <TEXTAREA>. Deux attributs sont nécessaires :

> ➤ rows: contient le nombre de lignes visibles
> ➤ cols: contient le nombre de colonnes visibles

D'autres attributs communs à la balise <INPUT> peuvent être utilisés. On peut citer :

> ➤ name : le nom du champ
> ➤ readonly= "readonly" pou verrouiller le champ
> ➤ disabled ="disabled" pour désactiver le champ

<form> Nom: <input type="text" size="5" name="CP" value="Sabri"> Mot de passe <input type="password" size="5" name="PASS" value="1234"> Description: <textarea name="message" rows="2" cols="10"></textarea> </form>	Nom: Sabri Mot de passe •••• ceci est Description: un test

III.10.2.4.   Les boutons radio

Ce type d'élément est utilisé lorsqu'on veut donner aux visiteurs un choix et un seul parmi une liste de propositions. Utilise aussi la balise <INPUT> mais avec comme valeur de l'attribut TYPE égale à "radio". D'autres attributs peuvent êtres utilisés :

> ➤ type="radio"
> ➤ name: nom du groupe des boutons radio
> ➤ Ces butons vont par groupe et un même nom est utiliser par un groupe. Ainsi, dans un groupe un seul bouton radio pet être coché
> ➤ value: valeur (chaine de caractères) du bouton. Elle sera envoyée au serveur si coché
> ➤ checked="checked" si on veut forcer le bouton à être coché au lancement de la page

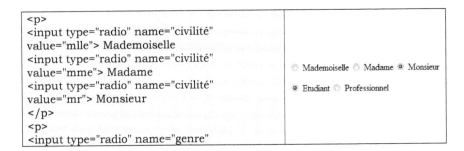

<p> <input type="radio" name="civilité" value="mlle"> Mademoiselle <input type="radio" name="civilité" value="mme"> Madame <input type="radio" name="civilité" value="mr"> Monsieur </p> <p> <input type="radio" name="genre"	⃝ Mademoiselle ⃝ Madame ◉ Monsieur ◉ Etudiant ⃝ Professionnel

| value="homme" checked="checked"> Etudiant
<input type="radio" name="genre"
value="femme"> Professionnel
</p> | |

Dans l'exemple ci-dessus, deux groupes de boutons radios sont utilisés. Ainsi, on ne peut choisir qu'un seul choix entre Mademoiselle, Madame et Monsieur. De même, on ne peut choisir qu'un seul choix entre Etudiant et Professionnel

III.10.2.5.   Les cases à cocher

Les cases à cochers sont sensiblement identiques aux boutons radio mais ceux là permettent un choix multiple. Ils utilisent aussi la balise <INPUT> avec comme valeur de l'attribut TYPE égale à CHECKBOX. Ci-dessus, une lise des attributs essentiels des cases à cocher :

> ➤ type=checkbox
> ➤ name: nom de la case
> ➤ value: valeur (chaine de caractères) du bouton. Elle sera envoyée au serveur si la case est choisie
> ➤ checked="checked" si on veut forcer le bouton à être coché par défaut

| Quelles sont tes villes préférées?

<p>
<input type="checkbox" name="check1"
value="CASE 1"> Agadir

<input type="checkbox" name="check2"
value="CASE 2"> Ifrane

<input type="checkbox" name="check3"
value="CASE 3"> Rabat

</p> | Quelles sont tes villes préférées?

☑ Agadir
☑ Ifrane
☐ Rabat |

III.10.2.6.   Les butons

Les boutons sont des éléments qui déclenchent une action après un click. En HTML, un bouton peut être crée en utilisant soit la balise simple <input> ou la balise paire <boutton>. On distingue quatre types différents de boutons

> ➤ Bouton simple : n'est utile que lors d'appel de scripts JavaScript au moment du clic.
> ➤ Bouton d'envoi : est utilisé pour validation du formulaire et envoi de données vers le serveur.
> ➤ Bouton image : bouton d'envoi mais il permet d'afficher une image sur le bouton.
> ➤ Bouton effacer : bouton utiliser pour réinitialiser le formulaire.

III.10.2.7. Bouton d'envoi

Sert à envoyer les données du formulaire au serveur.

Pour créer un bouton en HTML, utiliser la balise simple <input> ou la balise paire <boutton>. Et pour les attributs, on peut citer :

> ➤ type="submit" pour un contrôle de type bouton d'envoi
> ➤ name: le nom du bouton
> ➤ value: le texte à afficher sur le bouton (caption). Si on ne le précise pas, **value** aura comme valeur par défaut "Envoyer" (Submit)

```<html>```
```<head> <title>Formulaire de base</title>```
```</head>```
```<Body>```
```<form method = "post" action ="auth.php" >```
``<p> Forme d'authentification
``
``` Login : <input type="text" name="nom"```
``maxlength="25" />
 	
``
``` Mot de passe : <input type="password"```
```name="pass" maxlength="25" />```
```<input type="submit" name="envoi"```
```value="Envoyer"/>```
```</p>```
```</body> </html>```

Forme d'authentification
Login :

Mot de passe :   Envoyer

Dans l'exemple ci-dessus, un clique sur le bouton « Envoyer » va entrainer l'envoi des données saisies dans le formulaire vers le fichier « auth.php » sur le serveur hébergeant le site Web.

III.10.2.8. Bouton de réinitialisation

Ce type de bouton a pour rôle d'initialiser (reset) les valeurs des éléments du formulaire à leur état initial. Comme pour le bouton d'envoi, le bouton reset utilise une balise impaire <INPUT> mais avec comme valeur de l'attribut TYPE ="RESET".

Ci-dessous quelques attributs d'un bouton reset

> ➤ type= reset
> ➤ name: le nom du bouton
> ➤ value: le texte afficher sur le bouton (caption). Si on le précise pas, value sera "Effacer" (Reset)

`<html>` `<head> <title>Formulaire de base</title>` `</head>` `<Body>` `<form method = "post" action ="auth.php" >` `<p> Forme d'authentification  ` ` Login :  <input type="text" name="nom"` `maxlength="25" />  ` ` Mot de passe : <input type="password"` `name="pass" maxlength="25" />` `<input type="submit" name="envoi"` `value="Envoyer"/>` `<input type="reset" name="envoi"/>` `</p>` `</body> </html>`	Forme d'authentification Login : Mot de passe : Envoyer Effacer

Dans l'exemple ci-dessus, si on clique sur le bouton Effacer (qui est de type Reset) les données saisies dans les champs Login et Mot de passe seront effacées. On dit que le bouton a initialisé le formulaire

III.10.2.9.   Les listes

Ce sont des éléments qui permettent de représenter des listes déroulantes pré-remplies afin de simplifier la tache de l'utilisateur (restreindre ces choix)

Pour créer un tel élément, on utilise deux balises : `<SELECT>` et `<OPTION>`.

- `<select >` permet de spécifier le début d'une liste déroulante
- Attribut:
- `name`: nom de la liste
- `<Option>` utilisée pour spécifier un élément contenu dans la liste déroulante
- Attributs
- `value`: identifie la valeur qui sera envoyée au serveur
- `selected="selected"` pour qu'il soit sélectionné par défaut

`<html>`
`<head> <title>Formulaire de base</title>`
`</head>`
`<Body>`
`<form method = "post" action ="ville.php" >`
`<p>Votre choix </p>`
`<select name="pays">`
`    <option>Maroc</option>`
`    <option>Allemagne </option>`
`    <option>France </option>`
`    <option>Etats-Unis </option>`
	Votre choix
	
	Maroc ▼

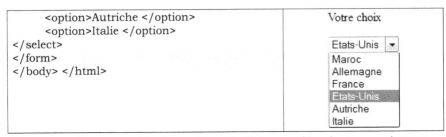

```
      <option>Autriche </option>
      <option>Italie </option>
</select>
</form>
</body> </html>
```

Remarque : Il est possible de rendre cette liste non déroulante en rajoutant l'attribut size qui prend pour valeur le nom de choix à afficher dans la liste. Voir exemple suivant :

```
<html>
<head> <title>Formulaire de base</title>
</head>
<Body>
<form method = "post" action ="ville.php" >
<p>Votre choix </p>
<select name="pays"  size=3>
      <option>Maroc</option>
      <option>Allemagne </option>
      <option>France </option>
      <option>Etats-Unis </option>
      <option>Autriche </option>
      <option>Italie </option>
</select>
</form>
</body> </html>
```

Votre choix

Maroc
Allemagne
France

Remarque : Pour donner à l'utilisateur la possibilité da faire plusieurs choix il faut rajouter l'attribut multiple="multiple"

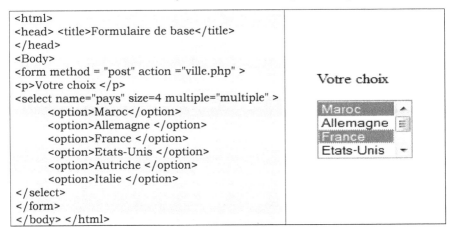

```
<html>
<head> <title>Formulaire de base</title>
</head>
<Body>
<form method = "post" action ="ville.php" >
<p>Votre choix </p>
<select name="pays" size=4 multiple="multiple" >
      <option>Maroc</option>
      <option>Allemagne </option>
      <option>France </option>
      <option>Etats-Unis </option>
      <option>Autriche </option>
      <option>Italie </option>
</select>
</form>
</body> </html>
```

Votre choix

Maroc
Allemagne
France
Etats-Unis

IV. Les cadres (Frames)

Les cadres (frame) est un moyen pour séparer la fenêtre en différents morceaux indépendants. Chaque cadre peut contenir une page HTML différente. A noter que deux cadres, au minimum, sont utilisés dans une fenêtre.

En général, on peut avoir un cadre pour le menu à gauche et un autre cadre pour le contenu du site. De cette façon nous aurons trois fichiers HTML différents

> Remarque: un document HTML qui va utiliser des cadres ne pourra servir qu'à ça. Et aucun texte ou image ne sera inséré dans ce document et ne sera affiché dans le navigateur du visiteur

Exemple :

IV.1. Les balises et attributs

Pour créer un cadre, deux balises sont utilisées :

> ➢ **<FRAMESET>** permet de définir une zone découpée sous forme de sous fenêtres. Elle va désigner le nombre de cadres et leur taille. Cette balise remplace la balise <BODY>
> ➢ **<FRAME>** permet de spécifier la définition d'une sous-fenêtre avec ses paramètres.

Ces deux balises sont comparables aux balises **<table>** et **<tr>**

```
<html>
<head> <title>Titre de la page</title> </head>
<frameset>
<!-- Ici le contenu de la frameset principale -->
</frameset>
</html>
```

IV.1.1. Balise <FrameSet>

En ce qui concerne les attributs de la balise **<FrameSet>**, on peut citer :

> *cols*: s'il est renseigné, alors la page sera coupée verticalement. Il prend pour valeur les tailles des différents cadres séparées par une virgule

> *rows*: s'il est renseigné alors la page sera coupée horizontalement. Il prend pour valeur les tailles, des différents cadres, séparées par une virgule

Remarque 1: Si une des valeurs des attributs est une étoile, alors le cadre en question prendra toute la place disponible restante dans la fenêtre

Remarque 2 : On ne peut pas utiliser ces deux attributs conjointement sur une seule et même balise

Exemples :

> Deux cadres verticaux :   <frameset cols="10%, *">
> Trois cadres verticaux : <frameset cols="25%, *, 25%">
> Deux cadres horizontaux :   <frameset rows="100, *">

Les cadres sont par défaut redimensionnables. Si on veut interdire cette fonctionnalité, on renseignera l'attribut **noresize** qui prend pour seule valeur **"noresize"**.

Aussi, il est possible d'éliminer les marges intérieures latérales avec les attributs **marginwidth** et **marginheight** renseignés à "0".

IV.1.2.   Balise <Frame>

Cette balise est utilisée pour spécifier la source de chaque frame. Les attributs qui seront utilisés sont :

> *Src*: contient la source du cadre
> *Name*: pour attribuer un nom au frame. Cet attribut est utilisé pour spécifier la cible des liens
> *target* : pour spécifier le lien et qui n'est que le nom d'un cadre

IV.2. Application

Comme application pour tester les cadres, on va travailler sur un page HTML et qui sera devisée en 2 cadres horizontaux. Dans le premier cadre on va mètre une bannière. Le deuxième cadre va être devisé en deux cadres verticaux ; le premier à gauche va contenir le menu alors qu'on va mettre dans le deuxième le contenu. Voir figure en bas :

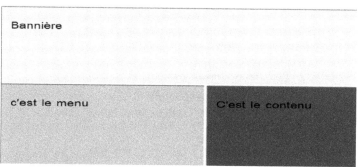

Ci-dessous seront présentés les codes HTML des différentes pages regroupant la page html à savoir « Ban.html » pour la bannière, « Menu.html » pour le menu « Contenu.html » pour le contenu et « index.html » pour la page principale qui va contenir les différents cadres

```
<html>
<head> <title> banniére </title> </Head>
<body BGCOLOR=#ffff00>
<p> Bannière </p>
</Body>
</html>                                    Ban.html
```

```
<html>
<head> <title> Menu </title> </Head>
<body BGCOLOR=#00ffff>
<h1> Menu </h1>
<h2> <a href="CV.html" target="contenu"> CV </a> </h2>
<h2> <a href="Photos.html" target="contenu"> Photos </a> </h2>
<h2> <a href="News.html" target="contenu"> News </a> </h2>
</Body>
</html>                                    Menu.html
```

```
<html>
<head> <title> Contenu </title></Head>
<body BGCOLOR=#0000ff>
<p> C'est le contenu</p>
</Body>
</html>                    Contenu.html
```

```
<html>
<head> <title> Mon premier cadre </title> </Head>
<frameset Rows="30%,70%">
        <frame src="ban.html">
        <frameset Cols="25%, 75%" >
                <frame src=menu.html >
                <frame src=contenu.html name="contenu">
        </frameset>
</frameset>
</html>                              Index.html
```

Une autre page sera utilisée pour tester les fonctionnalités de lien entre cadres est la page « Cv.html ». Ainsi, quand on clique sur le lien « CV » de « Menu » la page « Cv.html » sera affichée dans le cadre dont le nom est « contenu »

```
<html>
<head> <title> Menu </title> </Head>
<body BGCOLOR=#ffffff>
<h1> Mon CV </h1>
</Body>
</html>                    Cv.html
```

Comme résultat, on aura l'affichage suivant :

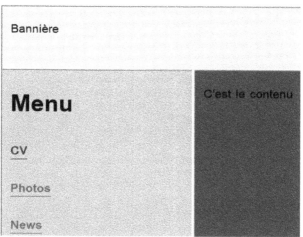

Et si on clique sur le lien « CV » on va ceci :

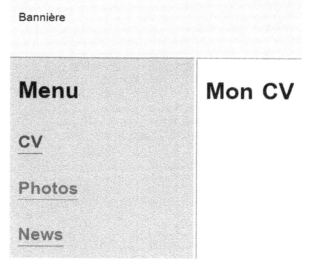

V. Travaux Pratiques

V.1.   Partie 1

1 Crée un document HTML dont le titre sera « Université Abdelmalek Essaadi »

2 Ecrire du code HTML pour:

o Avoir l'arrière-plan du document bleu, le texte noir, les liens verts, les liens actifs rouges et les liens visités gris. Utiliser les attributs : BGCOLOR, TEXT, LINK, VLINK et ALINK de la balise <BODY>

o Afficher, avec la police Garamond (Arial dans le cas échéant) et la taille 5, la phrase suivante : « J'essai d'écrire un code HTML simple». Utiliser les attributs FACE et SIZE de la balise <FONT>. Aussi, utiliser les caractères spéciaux.

o Faire un retour à la ligne

o Ecrire en gras et italique le texte : « Les établissements de l'université : »

o Après retour à la ligne, écrire une lise non ordonnée :

    ○ Tanger
       ■ FST
       ■ ENCG
    ○ Tatouan
       ■ FS
       ■ ENSA

o Tracer une ligne rouge pleine longueur. Utiliser les attributs de la balise <hr>

o Afficher, comme titre, « La faculté des sciences Tétouan »

o Afficher, après un retour à la ligne, le texte « Sa superficie est de 12953 m2 ». Ce texte doit être mis en valeur

o Afficher, comme titre, « L'Ecole Nationale des Sciences Appliquées (ENSA) ». Ecrire un lien hypertexte sur le mot ENSA qui envoi (dans une nouvelle fenêtre) vers le site de l'ENSA.

o Ecrire un paragraphe contenant le texte suivant : « Parmi les formations de l'université, on trouve les plus connues comme: »

o Ecrire une liste ordonnée comme montré ici :

    A. Formation Initiale

    B. Formation Continue Qualifiante

    C. Formation à distance

    Aussi, il y à

    D. Formation Continue Diplômante

    E. Le Système LMD

    F. Cours avec l'UNIA

o Ecrire le paragraphe suivant : « Deux nouvelles licences professionnelles à la FP de Larache »

o Ecrire, après retour à la ligne, une liste de définition :

    Licence Pro 1:

        Informatique de Gestion

    Licence Pro 2:

        Marketing Hôtelier et Touristique

V.2.   Partie 2

3 Crée un document HTML dont le titre sera « Les Tableaux »

4 Ecrire du code HTML pour :

- o Afficher, comme titre, « La liste des étudiants ».
- o Créer un tableau contenant les informations des étudiants. Ce tableau doit avoir la forme suivante :

Informations Personnelles					Notes des Modules		
Nom	Prénom	Age	Email	Photo	HTML	Programmation	Réseau

Filière : GI/GLT/GM/GSTR

Si l'utilisateur clique sur la photo d'un étudiant, un lien e-mail sera lancé avec comme destinataire son adresse électronique et comme objet : « Contacter l'étudiant : (son nom et prénom) »

VI. Solution des exercices

Exercice 1 :

```
<html >
<head>      <title>Exemple d'une page web</title>  </head>
<body>
      <h1>Chapitre 1: Introduction à la programmation en langage C</h1>
      <h2>Exercice 1:</h2>
      <p>soit x<sub> 1</sub>, x<sub> 2</sub>, x<sub> 3 </sub> trois
variables, : </p>
      <p>Ecrire un programme en langage C qui permet de :<br/>
-Donner à l'utilisateur de saisir trois valeurs du clavier<br/>
-stocker ces valeurs dans les trois variables ci-dessus<br/>
-afficher la valeur <em><strong>maximale</strong></em></p>
      <h2>Exercice 2:</h2>
      <p>soit a, b et c trois variables, : </p>
<P>F(x)=aX<sup>2</sup>+bX+C</p>
      Ecrire un programme en langage C qui donne les
<em><strong>solutions de      l'&eacutequation:</em></strong><br>
      <p>F(x)=O</p>
</body>
</html>
```

Exercice 2 :

```
<html >
<head>
      <title>Exemple d'une page web</title>
</head>
<body>
      <h1>Chapitre 1: Introduction à la programmation web</h1>
<H2><a href="#Part1"  title= "Serveur web"> Serveur Web</a></H2>
<H2><a href="#Part2"  title= "Client web"> Client Web</a></H2>
      <h2><a name= "part1" >Serveurs web</a></h2>
            <p align="justify">Chaque programme est écrit par un langage
spécifique s'exécute par un type      de programme serveur. Le type du
programme serveur utilisé va conditionner les  langages      possibles.
Voyons quelques exemples :</p>
      <h2><a name= "part2" >Client web</a></h2>
            <p align="justify">Le client est couramment appelé un
navigateur. Les navigateurs les plus connus étant Netscape, Internet
Explorer, Lynx, Mosaic, Opera,. Les plus  courant acceptent des  extensions
(Plug-In) permettant d'étendre leurs </p>
</body>
</html>
```

Exercice 3 :

```
<html>
```

```
<head>
<title>Exercice: les listes</title>
</head>
<body>
<p> On distingue </p>
<ul type="disc" >
  <li>Les listes non ordonnées, ou à puces</li>
  <ul type="circle" >
  <li>Liste à Disc</li>
  <li>Liste à Circle</li>
  <li>Liste à Square</li>
  </ul>
  <li>Les listes ordonnées</li>
  <li>Les listes de définitions (de descriptions)</li>
</ul>
</body>
</html>
```

Exercice 4 :

```
<html>
<head>
<title>Tableaux</title>
</head>
<body>
<TABLE BORDER=1 with=40% >
<TR>
<TD COLSPAN=3 align=center BGCOLOR="yellow">Informations
Personnelles</TD>
<TD COLSPAN=3 align=center BGCOLOR="blue" >Notes des Modules</TD>
</TR>
<tr>
<th> Nom </th> <th> Prénom </th> <th> Age </th> <th> HTML </th> <th>
Programmation C </th> <th> Réseau I </th>
</tr>
<TR>
 <TD with=33%>Mohammed</TD> <TD with=33%>Ben Ali</TD><TD
with=34%>20ans</TD> <td> 15 </td><td> 13.5 </td><td> 20 </td>
</TR>
<TR>
 <TD with=33%>Ilias</TD> <TD with=33%>Baraka</TD><TD
with=34%>21ans</TD> <td>09</td><td>08</td><td>14</td>
</TR>
</TABLE>
</body>
</html>
```

VII. Les références

- ❖ Josselin Willette. « Les bases du HTML »
- ❖ Pierre Poulin. « Page Web et HTML »
- ❖ Wikipedia.

www.ingramcontent.com/pod-product-compliance
Lightning Source LLC
LaVergne TN
LVHW042351060326
832902LV00006B/528